NFT
(Tokens não fungíveis)
2021-2022

Um Guia para Principiantes no Futuro da Arte
Comercial, Coleccionáveis
e Ativos Digitais

STELLAR MOON PUBLISHING

Isenção de responsabilidade

Introdução

Este hype é inigualável: A demanda por NFT é alta e crescente, o mercado de negociação de ativos digitais se tornou um negócio lucrativo.

Artistas, investidores e colecionadores estão sentindo novas oportunidades, porque os tokens virtuais estão abrindo as portas para um mercado futuro potencialmente enorme. Um NFT do artista gráfico Mike "Beeple" Winkelmann já conseguiu 69 milhões de dólares americanos, e as memes também estão trocando de mãos por preços de seis dígitos.

O que são exatamente NFTs e para que podem ser usadas?
O termo "Non-Fungible Token" (NFT) é a abreviação de "Non-Fungible Token" (Ficha Não Fungível).

Ao contrário da Bitcoin ou qualquer outra nota, as NFT são distintas, o que significa que são completamente diferentes e não intercambiáveis.
Por causa disso, um NFT pode ser quase inútil, enquanto outro pode ser leiloado a um empresário de Cingapura por $69 milhões.

Assim, embora as moedas criptográficas possam ser negociadas da mesma forma que o dinheiro comum, a NFT demonstra a propriedade legal, bem como a propriedade de obras e mídias digitais. As NFTs também podem ser assinadas criptograficamente, concedendo-lhes a propriedade.

Sejam imagens, música, ingressos para eventos virtuais, ou nomes de usuário e itens em jogos de computador: Todos estes bens digitais são comercializáveis graças às NFTs, que também certificam as reivindicações de propriedade legalmente válidas.

A propriedade da NFTS é atualmente armazenada principalmente como um componente da cadeia de bloqueio Ethereum.

Este livro sobre NFTs foi compilado pelos especialistas em criptografia da Stellar Moon Publishing e lhe ensinará tudo o que você precisa saber sobre o futuro do comércio de bens digitais.

Nós temos você coberto, desde as tendências atuais até tudo o que você precisa saber sobre compra ou venda de NFTs!

Tabela de Conteúdos

Nossos livros

Confira nosso outro livro para saber mais sobre comércio de criptografia, investimento, como obter lucro e dicas e estratégias essenciais para um início à prova de falhas no universo criptográfico.

Junte-se ao exclusivo Círculo Editorial Stellar Moon!

Você terá acesso imediato à lista de correio com atualizações de nossos especialistas todas as semanas!

Inscreva-se aqui hoje:

https://campsite.bio/stellarmoonpublishing

DMM
Bitcoin

O que são exatamente NFTs?

Como já dissemos na introdução, um NFT significa "Non-Fungible Token" e, com esse termo, descreve um valor não permutável.

Assim, um NFT está em contraste com os valores permutáveis, como uma moeda. Fungibilidade, ou permutabilidade, é um termo usado em economia e finanças. É a capacidade de trocar um item com um item similar de valor comparável. Por exemplo, quatro notas de 5 euros podem ser trocadas por uma nota de 20 euros sem qualquer mudança no valor. Valores não "fungíveis", NFTs, são exatamente o oposto. Cada NFT é único e não pode ser substituído por outro item.

Um bom exemplo de tais itens que não podem ser substituídos são, por exemplo, pinturas famosas. Não se pode simplesmente substituir uma pintura original de van Gogh por um cartaz da loja do museu. O cartaz não tem o mesmo valor que a pintura real.

A diferença entre fungível e não-fungível

Para entender o que torna o NFT tão único, é preciso primeiro entender a distinção entre materiais fungíveis e não fungíveis. Quando algo é fungível, isso significa que é intercambiável de forma homogênea. Notas de moeda ou metais preciosos são exemplos disso no mundo real: um grama de ouro puro vale o mesmo que outro grama de ouro puro. E não importa se você der a alguém uma nota de dez euros se ele não devolver exatamente a mesma nota.

Quando algo não é fungível, tudo isso muda. Embora dois objetos possam parecer idênticos à primeira vista, ambos possuem informações ou propriedades únicas que os tornam insubstituíveis ou não-intercambiáveis.

Um bilhete de avião é um exemplo de um bem não fungível. À primeira vista, os bilhetes de avião parecem ser os mesmos, mas cada bilhete contém um nome de passageiro, destino e número de assento diferentes.

Como resultado, a troca de uma passagem aérea por outra poderia ter sérias ramificações. No reino digital, é análoga às NFTs. Os domínios da Internet são outro exemplo, pois cada domínio só pode existir uma vez.

Qual é a diferença entre as fichas não fungíveis e fungíveis?

As fichas não-fungíveis podem limitar e representar as coisas no espaço digital de uma maneira única. Muitas outras moedas criptográficas e fichas, como Bitcoin e Ether, são fungíveis. Você não notaria uma diferença se enviasse alguém e recebesse éter em troca.

O mesmo vale para as fichas: a maioria das fichas é atualmente baseada no padrão ERC-20 do Ethereum. Por uma questão de simplicidade, considere cada uma dessas fichas como uma nota de dez euros. Se você enviar este token para alguém e depois receber outro uma semana depois, este token é idêntico ao outro.

Com fichas não fungíveis, tudo isso muda. Atualmente, a maioria dos NFTs da cadeia de Blockchain Ethereum aderem ao padrão ERC-721. Os tokens deste padrão podem ser comparados aos cartões comerciais Pokémon ou Yu-Gi-Oh. Cada ficha tem seu próprio conjunto de características e um nível diferente de raridade.

Há outra diferença significativa que você deve estar ciente. As fichas fungíveis são divisíveis, o que significa que uma fração de uma Bitcoin ou outra ficha ERC-20 pode ser enviada ou possuída. Semelhante ao dinheiro, você pode pagar com uma nota de dez euros e receber o troco de volta.

As fichas não fungíveis, por outro lado, não podem ser compartilhadas e devem ser compradas ou vendidas na sua totalidade. Da mesma forma que os cartões comerciais, onde ninguém compraria apenas metade de um cartão.

SICK
MUCK
DUCK
@combo-ck

Casos de uso para NFTs

As aplicações para NFT são praticamente ilimitadas. As fichas não fungíveis, de fato, podem servir como base para uma nova economia digital baseada na tecnologia de cadeia de bloqueio. O mundo real e o mundo digital podem coexistir com a ajuda do NFT.

Além de mapear a escassez e a singularidade no espaço exclusivamente digital, o processo de digitalização de objetos e bens do mundo físico para o virtual também é muito facilitado.

Jogos

A venda de armas raras ou peles em jogos populares como World of Warcraft, Fortnite, CS: GO, e Liga das Lendas é atualmente proibida. Também não é possível combinar itens ou peles de diferentes jogos. Seria possível transferir itens e atribuir claramente direitos de propriedade usando NFTs. Isto aliviaria alguns dos aborrecimentos mais significativos experimentados pelos jogadores ávidos.

Arte

Proteger seus direitos autorais e ganhar dinheiro na era digital é freqüentemente um pesadelo para os artistas.

Alguém pode usar os NFTs para comprar uma obra de arte e apresentá-la em um espaço virtual, com a cadeia de bloqueios comprovando a propriedade.

13

Isto permite que os artistas protejam seus direitos autorais e mantenham uma porção maior do produto da venda. Além disso, um NFT pode ser configurado de tal forma que gere uma fonte de renda recorrente de cada venda subseqüente do NFT. Vários NFTs foram vendidos recentemente por centenas de milhares de euros, e muitos esperam que o setor de arte NFT cresça dramaticamente no futuro.

Coleccionáveis

Os NFTs já estão sendo usados para criar tipos completamente novos de colecionáveis, como visto com os CryptoKitties, o Fantasy Football Game Sorare e o NBA Top Shot da Dapper Labs.

Sorare, por exemplo, permite aos usuários comprar versões simbólicas de seus jogadores favoritos. O conceito é semelhante ao das fotos da coleção Panini que muitas pessoas recordam de sua infância. O mesmo princípio está sendo aplicado agora no mundo digital na forma de colecionáveis digitais, que representam digitalmente a posse de um cartão comercial.

Ativos financeiros

Existe um grande mercado NFT para ativos virtuais. É possível adquirir terrenos de terrenos virtuais em plataformas como Decentraland e Cryptovoxels.

Estes lotes, como os lotes do mundo real, têm características distintas.

Essas propriedades já estão sendo comercializadas por dezenas de milhares de euros em mundos virtuais. Além disso, o site Unstoppable Domains tem nomes de domínio tokenizados. Qualquer nome em um site pode ser convertido em um NFT que qualquer pessoa pode comercializar livremente.

Embora esta área das NFTs ainda esteja em seus primórdios, bens reais, como obras de arte ou contratos de registro podem ser simbólicos como NFTs. As NFTs são utilizadas para provar a propriedade (parcialmente) de uma obra de arte ou para regular a reivindicação de royalties.

Identidades

Todos são únicos, desde sua aparência até suas qualificações educacionais e sua história médica. É possível simbolizar esta identidade usando fichas não-fungáveis. Isto significa que todos os dados disponíveis sobre uma pessoa podem ser representados como um NFT, permitindo que as pessoas recuperem o controle de seus dados.

Por que você deve comprar NFTs?

Uma imagem pode ser vista, copiada e salva on-line por quase qualquer pessoa. Uma NFT, por outro lado, fornece ao comprador algo que não pode ser duplicado. Especificamente, a propriedade de uma obra. Os NFTs podem ser comparados aos colecionáveis.

Como pinturas, selos e histórias em quadrinhos, mas em formato digital. Entretanto, à primeira vista, parece que você está comprando algo que já está disponível gratuitamente na Internet. Por exemplo, fotografias e vídeos. Um afundamento LeBron James foi recentemente vendido como um cartão comercial por $208.000. O vídeo, no entanto, está disponível gratuitamente na Internet.

A questão aqui é que um colecionável na vida real é tangível. Uma pintura, como a Mona Lisa, pode aparecer de forma diferente de uma cópia de um pôster. Em contraste, os NFT digitais são visualmente indistinguíveis de suas cópias. Somente o uso de criptografia subjacente garante que ele seja o original.

Portanto, um NFT só é valioso porque outros lhe atribuem um valor fictício.

No contexto do afundamento do LeBron, isto significa que o cartão comercial que inclui o vídeo é o clipe oficial da NBA.

Ter o clipe oficial acrescenta prestígio ao cartão, aumentando seu valor. Somente aqueles que possuem este cartão têm a verdadeira posse do clipe. Tudo o resto é uma imitação.

Como é garantido que os originais não sejam simplesmente copiados?

A cadeia de bloqueio Ethereum inclui as NFTs. Esta é a estrutura fundamental para a moeda criptográfica "Éter", que é a segunda mais valiosa do mundo depois do Bitcoin. Enquanto outras correntes de bloqueio já implementaram as NFTs, a rede Ethereum continua sendo a maior plataforma NFT.

Como resultado, as NFTs são um tipo de moeda criptográfica. Elas são, no entanto, distintas das moedas Bitcoin, Ether e outras moedas criptográficas. Elas têm uma assinatura digital, semelhante à assinatura de um grande pintor. Isto significa que o original sempre pode ser identificado como tal, mesmo que haja muitas cópias semelhantes.

A cadeia de bloqueio é análoga a um sistema contábil para contas, mas é inteiramente on-line e digital. É um método seguro de rastrear a venda de itens digitais. Os NFTs, por outro lado, são armazenados como uma seqüência de números e letras, ao contrário de um livro de contabilidade.

Este certificado virtual armazena informações sobre o proprietário ou titular de um NFT, bem como a data da venda e a quem foi vendido.

A transação de dinheiro gasto em um NFT é adicionada à lista de transações anteriores com a compra. O armazenamento destes dados na cadeia de bloqueio garante a autenticidade e a singularidade do NFT.

Quem precisa de NFTs em primeiro lugar?

Isto resolve um problema que muitas pessoas criativas enfrentam na Internet.

Isso lhes permite garantir que seus trabalhos não sejam simplesmente copiados e distribuídos na Internet. O valor de um original único aumenta como resultado de sua criação. Apenas um original autêntico de cada NFT pode existir.

Como resultado, o objetivo é criar uma escassez artificial. Um bom exemplo é um serviço de streaming como o Spotify. Os músicos recebem apenas uma pequena quantia de dinheiro por suas músicas no Spotify. Entretanto, se uma canção só estiver disponível como NFT como original na Internet uma vez, seu valor dispara.

Pode haver várias cópias da canção, mas apenas uma pessoa pode possuir o original. Além disso, o criador de uma NFT pode estipular nela, por exemplo, que uma certa quantia seja paga a ele ou ela toda vez que a ficha for revendida.

Os criadores podem agora oferecer itens para os quais antes não havia plataforma de vendas graças às NFTs. GIFs ou adesivos, por exemplo, para enviar via Messenger.

Em teoria, as NFTs podem ser qualquer coisa que possa ser armazenada digitalmente. No entanto, no momento, a ênfase está na arte digital.

As NFTs são movidas pela especulação.

Os NFTs também são uma forma de os amostradores não qualificados ganharem dinheiro. No mercado de arte, pode-se comprar um NFT e especular que seu valor irá subir.

Alguém, por exemplo, comprou um "Gucci Ghost" por 3600 dólares americanos no site "Nifty Gateway" e agora quer 16.300 dólares americanos por ele. A taxa original para a criação da imagem era de 200 dólares americanos.

Que tipos de NFTs existem?

São utilizados NFTs, arte digital e colecionáveis esportivos, mas também videogames. Uma das primeiras aplicações que fizeram uso do princípio NFT foi o jogo de colecionador digital "CryptoKitties" a partir de 2017. Os jogadores podiam comprar, trocar e criar gatos colecionáveis. Cada novo gato era um NFT, garantindo assim autenticidade e singularidade.

A cópia original de "Nyan Cat", um popular memorando de 2011 que era parte gato, parte pop-tart (uma massa doce americana), foi vendida em um leilão on-line em fevereiro por 300 ether (aproximadamente $600.000).

Kings of Leon, uma banda dos Estados Unidos, arrecadou US$ 2 milhões ao lançar um álbum somente digital.

Em março, o primeiro tweet do fundador do Twitter, Jack Dosey, foi vendido por US$ 2,5 milhões. Até mesmo o New York Times vende artigos como NFT por uma ninharia de US$560.000.

Também em março, a casa de leilões Christie's leiloou sua primeira obra de arte puramente digital na forma de um NFT por 69 milhões de dólares americanos - uma colagem de fotos chamada "The First 5000 Days", que estava nas obras há 13 anos.

A NBA dos EUA, por exemplo, mostra como os NFTs funcionam como cartões comerciais com o Top Shot. Os usuários podem usá-lo para coletar vídeos curtos de destaques do basquetebol. Desde outubro de 2020, o Top Shot da NBA já gerou mais de 333 milhões de dólares americanos.

Naturalmente, o fato de um NFT ser único não significa que cada objeto exista apenas uma vez. Cartões colecionáveis, por exemplo, podem existir várias vezes, assim como na vida real. Graças à cadeia de bloqueio, no entanto, é possível rastrear quando cada cartão individual mudou de mãos.

Por que alguns NFTs valem milhões de euros?

É aqui que as coisas ficam excitantes e potencialmente perigosas. As opiniões sobre o NFT variam muito, assim como variam em Bitcoin e outras moedas criptográficas. Alguns vêem os tokens como uma revolução inevitável no mundo da arte, enquanto outros os vêem como um gadget com enorme potencial de perda.

Embora você não possa pendurar NFT em sua parede, as fichas já foram vendidas por preços exorbitantes: O primeiro tweet de Jack Dorsey vendido por $2,5 milhões, uma coleção do criador Rick e Morty Justin Roiland vendida por $2,3 milhões, e a "Disaster Girl" Zo Roth vendeu um NFT de suas memes por até $500.000.

Somas tão grandes só são possíveis quando existe uma demanda correspondente, que atualmente é particularmente alta devido à propaganda em torno do NFT. Especuladores e coletores são atraídos para isso.

Além disso, a arte digital é inquestionavelmente um mercado poderoso do futuro, portanto a NFT está fadada a abalar algumas pessoas da indústria da arte acordadas.

É claro que isto não é uma garantia de riqueza instantânea; bolhas podem se formar em NFT, e grandes perdas podem ocorrer - mas também podem ocorrer lucros maciços.

Existe um futuro para as NFTs?

Podemos apenas especular, mas tudo parece estar apontando nessa direção no momento. Se a arte digital for viável no futuro, então é provável que as NFTs também o sejam.

Muitas outras áreas de aplicação são teoricamente possíveis. As fichas podem ser usadas como bilhetes à prova de falsificação para eventos que vão de concertos a parques aquáticos, além de servirem como certificado de autenticidade.

Objetos não digitais poderiam ser verificados com eles um dia e também poderiam ser usados para identificar pessoas, por exemplo, com autoridades ou órgãos públicos.

Há também jogos de computador em que o NFT assume a forma de itens, personagens ou terrenos virtuais. Binance, a maior plataforma de comércio de moedas criptográficas do mundo, também entrou na briga: Noch, em junho de 2021, será estabelecido um mercado separado para cripto-artes.

A este respeito, deve-se considerar tanto a venda de itens premium de alto preço quanto a venda de Otto-Normal-Produtos: Um segundo mercado para todos deve permitir a troca de produtos trêmulos.

O binance começará com uma comissão de 1%, o que implica que a empresa está apostando em um mercado em crescimento.

Portanto, parece que as NFTs estão aqui para ficar, e pode ser uma opção de investimento muito interessante e lucrativa.

Questões NFT

Quem garante que uma obra permaneça única?

Comprar um NFT de um artista, a propósito, não significa que eles percam seus direitos autorais sobre ele. Esse é um dos problemas potenciais com os NFTs. Afinal, e se alguém decidir simplesmente vender a mesma obra de arte que você já comprou uma segunda vez?

Até agora, o jovem mercado NFT não oferece uma solução para isso. Portanto, é importante garantir que a pessoa que vende seja digna de confiança. O primeiro porto de escala deve ser, portanto, plataformas de venda bem conhecidas como Nifty Gateway, OpenSea e Rarible.

Extremamente alto consumo de energia

As NFTs, como outras moedas criptográficas, requerem quantidades crescentes de energia porque as correntes de bloqueio estão extremamente sedentas de poder de computação. Como resultado, alguns criadores já declararam que não criarão mais NFTs no futuro, a fim de evitar o aumento da demanda de energia.

No entanto, em qualquer caso, isso teria um problema que teríamos que enfrentar em algum momento. Ele não pode ser evitado, é simplesmente um desafio em nossa evolução que teremos que superar.

Temos que mudar para fontes renováveis de energia o mais rápido possível e, em essência, a moeda criptográfica pode ajudar nesse problema, devido à urgência e ao fato de que em algum momento os combustíveis fósseis se esgotarão.

Os NFTs não são protegidos contra eliminação

Em vez de, digamos, comprar um quadro para pendurar em sua sala, quando você compra um NFT, você está comprando apenas um tipo de título de propriedade, não o próprio NFT.

A escritura em cadeia contém todas as informações sobre a autoria, transações e propriedade de um NFT, e como tal, não pode ser apagada. O NFT, por outro lado, deve ser armazenado em algum lugar em um servidor.

A compra de um NFT lhe concede essencialmente acesso ao NFT. Se o site for excluído ou o servidor onde o NFT está armazenado for realocado, este código não o levará a lugar nenhum. Neste caso, possuir um NFT é essencialmente equivalente a possuir um link morto na Internet.

A questão do valor

Também é questionável se a posse de um NFT único o torna valioso. É verdade que um comprador ou comprador detém o NFT original e genuíno. Entretanto, por ser arte digital, essa pessoa não pode impedir outros de copiar a imagem e compartilhá-la on-line.

Então, as NFTs são uma bolha digital em evolução? Os investidores continuam a acreditar que as NFTs são a próxima revolução digital. Mas ainda há muitas perguntas sem resposta. Se você comprar uma NFT, quem garante que ela valerá o dinheiro? O valor de um objeto é apenas enquanto houver pessoas gastando dinheiro com ele. Como outras moedas criptográficas, as NFTs não têm valor equivalente no mundo real. Se, por exemplo, todos decidissem de um dia para o outro transformar todas as suas NFTs em dinheiro, quem as compraria?

Taxas de gás

Por causa dos preços de venda insanamente altos que fazem manchetes, muitas pessoas estão se aventurando no comércio de fichas de colecionadores digitais. Mas as coisas nem sempre correm como planejado.

Robert Martin, estrategista sênior de conteúdo na Kapwing, uma plataforma de marketing digital, fez experiências com NFTs comerciais. Ele diz a Insider que o processo de compra e venda não é tão simples quanto parece.

"Tem uma sensação de faroeste selvagem", diz Martin depois de pagar uma taxa de transação de mais de 200 dólares, conhecida como taxa de gás.

Éter (ETH), WAX e FLOW são as moedas criptográficas mais usadas nas plataformas comerciais NFT. Os usuários que escolhem Ethereum, a primeira moeda digital, incorrem em certos custos. As chamadas taxas de gás são uma taxa de transação que cobre os custos de energia associados ao processamento e à validação de transações em cadeia de bloqueio. Os preços do gás variam de acordo com o horário do dia.

Martin, por exemplo, pagou cerca de US$ 30 por um NFT na plataforma de negociação Rarible usando a moeda criptográfica Ethereum. Mesmo depois que um comprador licitou mais de três vezes o preço original dentro de 24 horas, ele acabou perdendo mais de 200 dólares em sua ficha de coleta digital.

Embora as taxas de transação variem de acordo com a plataforma comercial, muitos sites populares cobram dos usuários uma taxa de gás para processar e validar uma transação na cadeia de bloqueio, bem como um preço para vender e comprar um NFT.

Além disso, a maioria das plataformas requer uma carteira digital, portanto, os usuários devem considerar as taxas de troca por moedas digitais como éter.

Martin foi surpreendido quando sua carteira digital, Rainbow Wallet, lhe cobrou quase 80 dólares para trocar o éter embrulhado (WETH) por éter normal (ETH).

"Eu tinha que pagar para receber WETH, mas não estava claro se eu ou o remetente deveria pagar a taxa", explica Martin.

Martin, como um novo usuário, não entendeu imediatamente quais eram as taxas de gás. Como resultado, a transação lhe pareceu um bom negócio; ele venderia um NFT em menos de um dia por quase três vezes o preço original. Entretanto, as despesas adicionais acabaram sendo maiores do que o preço de compra original.

Embora a carteira digital de Martin tivesse uma descrição das taxas em letras miúdas, teria sido útil se tivesse havido um aviso ou notificação sobre as taxas antes que ele fizesse a compra.

"As taxas de gás podem ser um risco para novos usuários", disse Martin. "É necessário muito mais informação e orientação sobre isto". Tudo parece estar preparado para as pessoas que já estão familiarizadas com o mundo criptográfico".

Rodriguez-Fraile disse que sabia que o trabalho do Beeple um dia seria extremamente valioso, mas não tinha idéia de que subiria de US$ 67 para US$ 6,6 milhões em questão de meses.

"Eu não queria ser alguém que compra algo esperando obter um lucro rápido, mas também não gosto de perder dinheiro", diz Rodriguez-Fraile. "Recebi uma oferta maior em outra peça do Beeple, mas a mantive por causa de seu significado histórico". A única razão pela qual vendi a obra de arte 'Crossroads' foi porque achei que ela poderia dar um impulso importante para o desenvolvimento da arte digital".

Criptokitties & Ethereum

CryptoKitties, um jogo construído sobre Ethereum que permite aos jogadores coletar, reproduzir e trocar gatos virtuais, foi um dos primeiros projetos da NFT a ganhar muita atenção.

Cada CryptoKitty pode ter uma mistura de características tais como idade, raça e cor. Como resultado, cada uma é única e não pode ser trocada por outra. Eles também são indivisíveis, o que significa que uma ficha CryptoKitty não pode ser dividida em partes divisíveis (como o gwei para éter).

CryptoKitties ganhou notoriedade depois que sobrecarregou a cadeia de bloqueio Ethereum devido à quantidade de atividade que gerou na rede. A ATH (All-Time High) para o número de transações diárias na cadeia de bloqueio Ethereum ainda está em torno do pico de popularidade dos CriptoKitties a partir de fevereiro de 2020. É óbvio que o jogo teve um impacto significativo na rede Ethereum, mas outros fatores, como o aumento das ofertas iniciais de moedas, também desempenharam um papel (ICO).

Você pode ler mais sobre os futuros desenvolvimentos dos kits criptográficos no capítulo sobre a cadeia de bloqueios FLOW. A cadeia de bloqueios Flow foi criada pelos desenvolvedores de cryptokitties, devido às deficiências da cadeia de bloqueios Ethereum

Onde você pode comprar NFTs?

Estes são nossos 5 principais mercados onde você pode comprar e vender seus produtos digitais NFT. De vídeos, imagens GIF, cartões comerciais e memes. Todos os tipos de arte digital podem encontrar um novo dono nestes mercados.

5. Enjin Marketplace: Um mercado de jogos

O mercado oficial para os NFTs baseados em Enjin é o Enjin Marketplace. Os usuários podem facilmente e rapidamente negociar Tokens Não Fungíveis através do site. A Enjin também publicou um dos primeiros locais de comércio para NFTs e é amplamente considerada como a criadora do padrão ERC-1155. Os tokens ENJ são necessários para a compra de NFTs. Você também precisará do Ethereum para processar as transações.

A plataforma Enjin é projetada especificamente para jogadores, com vários itens que podem ser usados em vários jogos.

O Enjin Marketplace tem um grande volume comercial, lista milhares de itens e tem uma interface web fácil de usar.

Segundo a DappReview, há mais de 1 bilhão de itens ERC-1155 para os quais mais de US$ 1 milhão já foi depositado na ENJ.

4. Rarizível: Ganhe tokens RARI negociando NFTs.

Os NFTs podem ser criados e comercializados usando o Rarible. RARI, o símbolo de governança da plataforma, também está disponível.

Este símbolo permite que você vote em questões importantes. Os usuários têm a opção de manter os NFTs gerados, entregá-los ou vendê-los e comprá-los no mercado. Além disso, os usuários da plataforma RARI receberão tokens RARI como uma recompensa por negociar NFTs.

3. SuperRare: O mercado para os artistas

SuperRare, como o próprio nome indica, trata de arte extremamente rara. Como resultado, é um mercado NFT especializado em obras de arte digital.

Com perfis sociais, um aplicativo móvel, leilões ao vivo e opções avançadas de pagamento, a plataforma se distingue de outros mercados NFT.

2. Decentraland: Um mercado virtual

O Decentraland é melhor descrito como um mundo virtual do tipo Minecraft onde os NFTs podem ser comercializados. Os usuários também podem adquirir parcelas únicas que podem desenvolver livremente. No mundo virtual, você também pode jogar uma variedade de jogos.

Atualmente existe um especial de Halloween onde você pode ganhar caixas contendo vários itens:

Os portadores de fichas MANA podem usar a ficha para pagar vários NFTs em Decentraland. Além disso, a MANA concede aos usuários direitos de governança na Decentraland. Isto permite que a comunidade vote em contratos NFT permitidos, regras de mercado e outros processos Decentraland.

1. Opensea: Um mercado global para transações não financeiras

Até hoje, a Opensea é o maior centro comercial para NFTs, permitindo a negociação em todos os tipos de NFTs. Como resultado, os usuários do Opensea podem negociar, comprar e vender arte, itens de jogos, colecionáveis, nomes de domínio, e assim por diante.

Todos os outros mercados estão pálidos em comparação com a amplitude da oferta. Além disso, a plataforma inclui uma série de funções de leilão e está totalmente integrada à infra-estrutura criptográfica.

Apesar de ser o maior mercado NFT no espaço criptográfico, o Opensea não tem seu próprio símbolo e atualmente é usado apenas como interface comercial para NFTs. As NFTs da Decentraland, SuperRare e Enjin, por exemplo, podem ser comercializadas no Opensea.

OpenSea

O OpenSea é um mercado descentralizado de fichas não fungíveis (NFT) para compra, venda e comercialização destas fichas exclusivas. Eles próprios afirmam ser a maior plataforma para a negociação de NFTs. Pela primeira vez, você pode possuir um produto digital.

No passado, vemos que obras de arte existentes, tais como imagens, podem ser facilmente copiadas, o que significa que não há mais créditos para o artista efetivo. Com a tecnologia de cadeia de bloqueio, todas as informações sobre estes NFTs são registradas para que o proprietário legítimo possa sempre ser encontrado no código fonte.

Estes itens digitais faziam anteriormente parte dos dados de uma empresa. Vejamos os jogos populares como Fortnite. Você pode ir e mudar a roupa de seu avatar favorito, mas nunca será sua. Isto porque existem regras impostas pela placa central que determinam o que é possível na plataforma e o que não é.

Ao contrário das NFTs, você pode ir e projetar um equipamento que não pertence à plataforma, mas que você possui. Uma plataforma como a OpenSea mostra imediatamente a liberdade que todos têm para projetar e comercializar as NFTs. O OpenSea tem mais de 14 milhões de itens listados e mais são adicionados a cada dia.

Antes de poder negociar NFTs no OpenSea, você precisa de uma carteira Ethereum. Esta é uma carteira ligada a fichas ERC20 na cadeia de bloqueio do Ethereum. Você pode aprender mais sobre como comprar NFTs com uma carteira no próximo capítulo.

Como usar o OpenSea

Há muitos NFTs em circulação na OpenSea, por isso é importante que você possa navegar facilmente. Através da aba Browse você pode procurar por itens. Se você souber o nome da obra de arte em particular, você pode navegar diretamente. Caso contrário, você pode usar as opções de filtro.

Por exemplo, você pode escolher entre arte, mas também colecionáveis ou esportivos, entre outros. Se você escolher um segmento de mercado aqui, você verá imediatamente a coleção superior e os itens de tendência. Estes aparecem no topo dos resultados de sua busca.

Ao ativar filtros adicionais, você pode optar por mostrar imediatamente os NFTs com o preço mais alto, ou itens que estão prestes a expirar. Você só está disposto a comprar um item que está à venda? Há várias opções de filtragem para que todos possam navegar facilmente na rede.

A rede também usa diferentes status por item. No topo, você pode filtrar entre os tipos de NFT por padrão, mas no lado esquerdo do menu você pode escolher diferentes status:

Compre agora

Estas são as obras que são imediatamente oferecidas para venda. São obras que estão disponíveis há algum tempo e, obviamente, este é o maior grupo de NFTs.

Novo

Você está procurando as últimas NFTs na plataforma?

Através do filtro "Novo" você pode ver quais obras foram recentemente adicionadas à plataforma.

Através deste filtro, você pode ver se existem novas tendências no mundo do NFT. Isto não só é útil para comprá-las, mas também para começar como um criador.

No leilão

Também acontece com mais freqüência que os artistas não optam por uma venda típica, mas decidem leiloar seu trabalho através de um leilão. Isto tem uma data de término fixa. Quando isto tiver passado, a obra é vendida ao licitante com a maior oferta. Para cada item você pode ver qual foi o lance mais alto e quem fez esse lance.

Tem Ofertas

Nem todo trabalho é interessante e recebe lances, isso seria bom demais. Portanto, você pode optar por mostrar apenas os ativos digitais que já têm ofertas. Assim, você não percorre infinitamente novas obras que não são interessantes, mas continua voltando.

Estes filtros não são separados, mas podem ser combinados uns com os outros. Por exemplo, você pode filtrar em novos itens que já tenham tido ofertas.

Por que isso é interessante? Para que você possa ver qual é a demanda, quantas pessoas estão interessadas em uma determinada NFT ou forma de arte.

Você pode então começar a trabalhar criando um NFT você mesmo e oferecê-lo para venda na plataforma. Por exemplo, vimos em abril de 2021 que há um interesse crescente na nova Polkamon.

Como você pode comprar ou vender a NFTS?

Para comprar, vender ou criar um NFT você precisa de uma moeda criptográfica, uma carteira e alguns outros passos para começar. Explicamos este processo em 4 etapas fáceis abaixo, e isto deve levá-lo bem no seu caminho para sua primeira propriedade de arte digital.

Passo 1: Faça uma carteira

Para criar e vender NFTs, você deve primeiro obter uma moeda criptográfica. Que, por sua vez, só pode ser guardada em uma bolsa de dinheiro digital (carteira). Isso significa que você deve primeiro obter a carteira. Existem vários fornecedores para várias moedas. Entretanto, como as principais plataformas comerciais são normalmente construídas sobre a cadeia de bloqueio Ethereum, você também precisará da moeda correspondente: ETH. Na página ethereum.org, você pode descobrir quais carteiras são adequadas para isso. Há ali um localizador de carteiras útil.

Você também pode olhar para as principais plataformas comerciais para ver quais carteiras são compatíveis com o serviço. As carteiras, a propósito, só são usadas para interagir com sua conta criptográfica. Como resultado, a troca de provedores é simples.

Por favor, tenha em mente que cada cadeia de bloqueio tem seu próprio conjunto de padrões NFT. Ou seja, se você criar uma arte NFT na cadeia de bloqueio Ethereum, você só poderá vendê-la em plataformas que suportem o Ethereum. Binance Smart Chain, Polkadot, Tron, e Tezos são algumas alternativas do Ethereum. Não é difícil fornecer um NFT em múltiplas correntes de bloqueio.

Etapa 2: Compra de moeda criptográfica

Agora você deve adquirir a moeda apropriada após decidir sobre uma moeda e uma carteira. Isto geralmente é feito diretamente através da aplicação da carteira. Vários métodos de pagamento estão disponíveis, dependendo do fornecedor. Esta etapa é necessária porque as plataformas de negociação cobram taxas para a criação de NFTs. Um orçamento de cerca de 100 euros deve ser suficiente para que você possa começar.

Passo 3: Conectar a carteira a um mercado NFT

O passo seguinte é selecionar uma plataforma de negociação para sua planta NFT. Existe agora uma gama diversificada de fornecedores nesta área. Rarible e OpenSea são dois dos mais populares. Ambas as plataformas têm a função Criar ou Conectar Carteira. Lá, você deve selecionar sua carteira correspondente, após a qual você pode se conectar escaneando um código QR.

Etapa 4: Montar e vender ou comprar NFTs

Agora chegamos à parte realmente divertida do tutorial: fazer NFTs. Em teoria, o procedimento é muito simples. Você deve primeiro carregar seu trabalho (foto, música ou vídeo) para o local de negociação apropriado em um formato de arquivo adequado, se você tiver algo que gostaria de vender. Rarible, por exemplo, aceita os seguintes formatos de arquivo: PNG, GIF, WEBP, MP4, ou MP3.

Você pode então especificar as especificidades da venda. Portanto, não importa se é um leilão ou uma venda a preço fixo. Você também pode estabelecer os royalties.

Isto significa que toda vez que a arte for vendida, você receberá uma porcentagem do preço de venda. Quando terminar as especificações, clique em "Criar" para carregar sua obra de arte.

Agora você está apto a vender seu NFT. Entretanto, não é necessário vender os NFTs. Você também pode fazê-las sem qualquer intenção de vendê-las e carregá-las em sua galeria on-line.

A propósito, as NFTs não estão vinculadas à plataforma em que são criadas. O NFT é armazenado na respectiva cadeia de bloqueio e pode ser acessado através de uma variedade de plataformas.

Como já explicamos um pouco como usar a plataforma Opensea, aqui queremos explicar brevemente como você pode comprar NFTs nesta plataforma ou criar uma lista para vender a sua própria.

Comprando NFTs no OpenSea

A compra também é, naturalmente, um aspecto importante com uma plataforma comercial como a OpenSea.

A questão não é apenas porque você compra um NFT, mas também como. Primeiro de tudo, você obviamente precisa ter certeza de que sua carteira está conectada e que você tem capital suficiente para comprar um NFT, incluindo os custos de gás e de transação.

Na página de resumo você obtém informações detalhadas sobre a venda, mas também sobre o artista. Desta forma, você pode ver quais obras de arte o artista já fez. Você é um colecionador? Desta forma, você pode comprar rapidamente vários itens do mesmo artista. No exemplo atual, é um novo item que acabou de ser listado na plataforma e que já foi visto 13 vezes.

Vemos que o artista quer vender este item por 50 dólares. Você está disposto a comprar este item pelo valor total? Se não, você também pode optar por fazer uma oferta informal.

No fundo, você pode ver um histórico comercial onde você pode ver se outras partes interessadas fizeram uma oferta e por quanto.

Isto também lhe dará uma idéia se o artista estabeleceu um preço realista.

Crie sua própria lista NFT

A OpenSea não só quer ser um mercado para NFTs, mas também compartilhar conhecimentos sobre como começar a criar seus próprios itens.

No menu ao criar, você pode navegar de repente para "desenvolver-se conosco". Aqui o Open Sea lhe oferece inúmeros tutoriais para começar de maneira fácil. É claro que você também pode optar por criar seu próprio NFT separadamente destes manuais.

A vantagem é que não há regras sobre esses itens. Você opta por fazer uma versão animada de uma imagem estática? Você prefere criar uma obra de arte abstrata e oferecê-la na plataforma? Todos são livres para criar o que quiserem.

Você também pode então criar seu NFT fora da plataforma e depois negociá-lo no OpenSea.

Quando você estiver logado em sua carteira, por exemplo MetaMask, você pode escolher em seu próprio painel pessoal para criar um novo NFT ou começar a fazer upload de um NFT já criado.

Descreva sua obra de arte ou seu item e vá em frente e crie-a você mesmo. Você criou seu NFT através de outra plataforma ou você mesmo o criou usando, por exemplo, programas gráficos? O bom é que realmente qualquer coisa pode ser um NFT. Você quer fazer um trabalho infantilmente simples em Pintura? Pode ser que você possa vendê-lo por uma boa quantia de dinheiro, desde que haja juros.

Você pode carregar seu NFT aqui de seu computador e ele aparecerá imediatamente em seu próprio painel de controle pessoal. Sua arte digital está em seu computador e, ao carregá-la no OpenSea, você a transforma em um NFT.

Mais uma vez enfatizando aqui que não existem regulamentos para projetar um NFT, que é apenas a liberdade que prevalece na rede descentralizada onde todos podem decidir o que querem criar e o que querem oferecer e negociar na plataforma.

Enquanto alguns NFTs se concentram principalmente em casos de uso, pense em avatares únicos que podem ser usados em uma plataforma de jogos, um NFT pode ser tão facilmente uma imagem estática que precisa de imaginação para interpretar o que ele representa.

Você é criativamente inclinado e quer começar a projetar e comercializar NFTs você mesmo? Então o OpenSea é uma plataforma de fácil utilização e eficaz. Você pode ver não apenas quais itens estão sendo negociados, mas, mais importante, os desenvolvimentos que estão ocorrendo no mundo das NFTs.

Descubra os últimos itens e liste sua própria ficha única. Portanto, com todo este conhecimento não deve ser muito difícil iniciar sua primeira profissão!

Os casos de uso de NFTs estão apenas aumentando e evoluindo ao ponto de quase não haver limitações. Há cada vez mais possibilidades de integrar estes casos de uso em outra plataforma.

Até agora, é principalmente a indústria dentro do jogo que está ganhando popularidade, mas também a arte, os colecionáveis ou a tendência mais recente: Polkamons.

Certamente haverá mais coisas e variantes a vir, especialmente porque a indústria continua a evoluir com o financiamento descentralizado (DeFi). Mais integração também significa mais classes de ativos NFT e uma expansão das possibilidades e do número de plataformas de integração.

Existem vários protocolos que competem pelos NFTs, mas um lugar centralizado como OpenSea para oferecer e comercializar NFTs só ganhará popularidade à medida que os casos de uso aumentam. Uma vantagem é o alto grau de liberdade onde qualquer um pode ser um artista para criar um NFT.

Moeda Enjin

Já demos uma breve explicação sobre a moeda Enjin e o mercado Enjin, como plataforma para jogos em nossos 5 principais mercados para NFTs.

Portanto, para resumir, antes de nos aprofundarmos na Enjin; a Enjin Coin é uma plataforma de jogos em cadeia de bloqueio focada na criação de colecionáveis digitais que são verdadeiramente de propriedade do usuário. O projeto de criptografia tem estado no radar de muitas pessoas desde 2019, já que elas fizeram parceria com a Samsung. Enjin faz isso através das fichas ERC-1155, uma versão aprimorada das fichas ERC20 e ERC721.

A Enjin Coin é uma moeda criptográfica para a indústria de jogos. A equipe quer que esta seja a moeda que será usada em todos os lugares dentro da indústria de jogos.

Além desta moeda criptográfica, eles também oferecem uma plataforma tudo-em-um para desenvolver seu próprio jogo, baseado na tecnologia blockchain. Esta plataforma é gratuita e qualquer pessoa pode usá-la.

Atualmente, eles já têm mais de 250.000 comunidades de jogos conectadas e há até 20 milhões de jogadores registrados na plataforma. Isto mostra que Enjin é realmente um projeto sério para se manter de olho.

Enjin conecta os jogos

Em muitos jogos, os jogadores podem comprar coisas uns dos outros que tornam seu personagem melhor no jogo. Um exemplo bem conhecido é o jogo RuneScape, onde você pode, por exemplo, comprar uma espada para se tornar mais forte. Estas espadas são exclusivas deste jogo e, portanto, não podem ser usadas em outro jogo, como a Liga das Lendas.

Mas, como seria bom se você pudesse trocar sua espada por runas na Liga das Lendas (este é um elemento na Liga das Lendas que torna seu caráter melhor). Ou se você é mais um fã da FIFA, você poderia trocar sua espada por Cristiano Ronaldo na FIFA. A plataforma de Enjin visa permitir a união entre os jogos. Eles fazem isso através da valorização dos bens de um jogo, neste caso a espada, as runas e Cristiano Ronaldo.

Transformar itens de jogo em fichas
Em muitos jogos, os jogadores podem comprar coisas uns dos outros que tornam seu personagem melhor no jogo. Um exemplo bem conhecido é o jogo RuneScape, onde você pode, por exemplo, comprar uma espada para se tornar mais forte. Estas espadas são exclusivas deste jogo e, portanto, não podem ser usadas em outro jogo, como a Liga das Lendas.

Mas, como seria bom se você pudesse trocar sua espada por runas na Liga das Lendas (este é um elemento na Liga das Lendas que torna seu caráter melhor). Ou se você é mais um fã da FIFA, você poderia trocar sua espada por Cristiano Ronaldo na FIFA. A plataforma de Enjin visa permitir a união entre os jogos. Eles fazem isso através da simbologia dos bens de um jogo, neste caso a espada, as runas e Cristiano Ronaldo.

Que possibilidades oferece a moeda Enjin?

- **Atualização de jogos existentes**
  Além de criar seus próprios jogos, como desenvolvedor de jogos você também pode optar por atualizar um jogo existente. A Enjin oferece Kits de Desenvolvimento de Software (SDKs) com os quais você pode integrar a tecnologia de cadeias de bloqueios em jogos já publicados.

  Isto pode reduzir os custos e é uma forma de combater a fraude. Em muitos jogos há muita "agricultura de ouro", onde os comerciantes ganham muito dinheiro com o jogo.
  Estes fazendeiros de ouro causam estragos na economia do jogo e os criadores não têm idéia dos fluxos de dinheiro envolvidos. Com a tecnologia da cadeia de bloqueio, todas as transações são transparentes e todos podem ver como o dinheiro flui.

- **Criando jogos descentralizados**
  Como a Enjin Coin se baseia na cadeia de bloqueio do Ethereum, você pode usar contratos

inteligentes para fazer com que os jogos funcionem de forma descentralizada. Isto significa que um jogo funciona de forma completamente autônoma e tudo é controlado automaticamente pelo código de programação.

- **Estimulando o jogador**
  Na plataforma da Enjin você pode criar seus próprios tokens para seu jogo. Como o jogo é seu, você também pode decidir que função você quer dar ao token. Um exemplo disto poderia ser que para o jogo de futebol FIFA você cria os chamados tokens FIFA. Você estabelece antecipadamente que os vencedores de um jogo de futebol ganharão 100 fichas FIFA e que estas fichas representam um valor combinado de 1 Euro. Desta forma, você cria um incentivo extra para seus jogadores e isto pode beneficiar a jogabilidade.

- **Recompensar os membros da comunidade**
  Você também pode usar sua própria ficha para garantir o crescimento de sua comunidade de jogos. Por exemplo, você pode dar tokens aos membros quando eles estiverem online por 30 dias seguidos ou quando eles tiverem introduzido novos membros. Estes tokens também podem ser vendidos por euros e, portanto, representam um valor real.

Benefícios da Moeda Enjin

1. **A tecnologia Blockchain traz segurança e confiança para a indústria de jogos.** Os jogos de hoje são altamente sofisticados e os jogadores querem que seus dados sejam devidamente protegidos. A Blockchain é a tecnologia perfeita para isso.

2. **Você realmente possui um bem de jogo e também pode trocá-lo por outros bens dentro de jogos diferentes.** Você pode até mesmo optar por criar seu próprio novo item e inseri-lo no jogo.

3. **Eles oferecem um Kit de Desenvolvimento de Software especificamente para desenvolvedores de jogos.** Isto permite que jogos existentes sejam melhorados e novos jogos sejam criados com base na tecnologia blockchain.

4. **A Enjin oferece uma solução para fraudes dentro dos jogos.** Os golpistas são freqüentemente ativos que usam truques inteligentes para tirar seu dinheiro do jogo. Graças à segurança e transparência da cadeia de bloqueios, isto agora é muito mais difícil.

5. **Os ativos do jogo ganham valor real.** Graças à plataforma Enjin, você pode trocar seus ativos por dinheiro real ou ativos de outros jogos.

6. **Você pode criar seus próprios bens e introduzi-los no jogo.** Você pode então ganhar dinheiro com esses bens.

7. **Os desenvolvedores de jogos podem criar seu próprio símbolo e estimular jogadores e membros da comunidade.** Você pode derreter o token que pertence ao jogo em Moedas Enjin e vendê-las por euros.

O Token da Moeda Enjin: ENJ

A moeda Enjin é baseada na rede do Ethereum e é, portanto, uma ficha ERC20. Isto também permite que a moeda seja usada para contratos inteligentes. A Enjin é um dos primeiros projetos a adotar a rede Raiden Network do Ethereum. Esta rede é similar à rede de raios Bitcoin, mas para o Ethereum. Esta rede permite que a plataforma processe mais transações.

Distribuição da ficha

Em novembro de 2017, a equipe levantou dinheiro através de uma Oferta Inicial de Moeda (ICO). Durante esta oferta de moedas, eles estavam interessados em levantar US$ 25 milhões e conseguiram alcançar a marca de 23 milhões. 80% do número total de moedas foram vendidos durante esta ICO e os 20% restantes foram distribuídos entre a equipe, assessores e os vários programas de recompensa.

Carteira adequada para a ficha

O ENJ pode ser armazenado em uma carteira de hardware, bem como na troca. Isto é recomendado na maioria dos casos, uma vez que você possui a chave privada e é, portanto, o verdadeiro proprietário das moedas. A carteira de hardware mais conhecida neste momento é a Ledger Nano S.

A Enjin também tem sua própria carteira criptográfica e também suporta as fichas Bitcoin, Ethereum, Litecoin e

ERC20, ERC721 e ERC1155. Ela está disponível tanto para Android quanto para IOS.

Será que a Enjin Coin terá sua própria cadeia de bloqueio?

Atualmente, a Moeda Enjin se baseia na cadeia de bloqueio do Ethereum. Por enquanto, não há planos de criar sua própria cadeia de bloqueio. Talvez eles trabalhem nisso no futuro, mas infelizmente devido à falta do Roteiro para 2021, não temos uma visão sobre isso por enquanto.

Concorrentes

Os maiores concorrentes da Enjin Coin são a GameCredits e a WAX.

De acordo com Enjin, há uma diferença substancial entre os dois, no entanto. Sua CMO, Elija Rolovic, diz que a Enjin Coin é o "Ethereum of Gaming" e seus concorrentes são simples jogos/mercados centralizados que carregam moedas criptográficas. Pelos sons dela, há uma rivalidade saudável.

A Enjin Coin acrescenta os benefícios do blockchain à indústria de jogos em constante expansão. Com uma grande empresa já existente por trás do projeto e uma ICO bem sucedida, os recursos financeiros devem ser bons. Resta saber se a equipe cumprirá com seus planos. É lamentável que eles ainda não tenham publicado um roteiro para 2019. Desta forma, não sabemos no que estão trabalhando. Mas, um gigante tecnológico como a Samsung obviamente não faz

negócios com qualquer empresa, o que é um sinal
muito positivo.

Bloqueio de fluxo (FLOW)

As NFTs existem há mais tempo do que você imagina. Nos últimos meses, os Tokens Não-Fungíveis têm sido muito populares novamente, mas este hype também esteve presente em 2017-2018. Naquela época, o jogo da cadeia de bloqueios CryptoKitties era extremamente popular.

Tão popular, de fato, que a cadeia de bloqueio Ethereum na qual a CryptoKitties se sentava não podia mais lidar com o número de transações, com o resultado de que os custos da transação subiram drasticamente.

Os desenvolvedores da CryptoKitties estavam insatisfeitos com o desempenho da cadeia de bloqueio Ethereum e começaram a desenvolver sua própria cadeia de bloqueio: Bloqueio de fluxo (FLOW). Flow é uma nova cadeia de blocos construída para a próxima geração de aplicativos, jogos e os ativos digitais que os alimentam.

O fluxo é, portanto, uma cadeia de bloqueio que visa o que o Ethereum não foi para a CryptoKitties em 2017-2018. A cadeia de bloqueio é projetada para ser rápida, escalonável, descentralizada e fácil de ser construída pelos desenvolvedores.

O fluxo, portanto, quer se tornar a cadeia de bloqueio para que os desenvolvedores construam aplicativos, jogos e ativos digitais. O Flow Playground facilita ao máximo a tarefa dos desenvolvedores.

Há quatro pilares que diferenciam a Flow de outras correntes de bloqueio:

- Arquitetura exclusiva de cadeia de blocos com 4 funções - escalabilidade sem estilhaços.

- Os nós coletores aumentam a eficiência da rede.

- Os nós de execução proporcionam velocidade e escalabilidade

- Os nós de verificação garantem a exatidão dos dados na cadeia de bloqueio

- Os nós de consenso garantem a descentralização

- Linguagem de programação fácil de usar chamada Cadence

- Interface amigável ao cliente - Contas de fluxo facilitam o pagamento de taxas de transação e a recuperação de chaves privadas perdidas para os usuários

Desde então, a Flow criou uma comunidade impressionante de parceiros com parceiros como NBA, UFC e Ubisoft.

Decentraland (MANA).

O terceiro projeto de criptografia NFT promissor é o
Decentraland (LAND & MANA). Decentraland é
exatamente o que você esperaria se lesse o nome com
atenção: é um mundo de realidade virtual
descentralizada alimentado pela cadeia de bloqueio
Ethereum.

Dentro da plataforma Decentraland, os usuários podem
criar, experimentar e gerar receitas a partir de conteúdo
e aplicações. Em termos gerais, é semelhante ao Sims,
Simcity e Second Life, mas com uma diferença distinta:
o mundo é descentralizado e é construído sobre a
cadeia de bloqueio Ethereum.

A Decentraland tem duas fichas: uma ficha ERC-721
Non-Fungible Token, chamada LAND, e uma ficha ERC-
20 'normal', chamada MANA, que é usada como moeda
criptográfica dentro do jogo. O mundo da Decentraland,
o 'Metaverso', está dividido em 90.601 peças de LAND,
chamadas parcelas. Cada pacote tem 16m por 16m de
tamanho.

O espaço virtual 3D dentro da Decentraland é chamado
LAND. LAND pode ser adquirido como um player com
MANA. A cadeia de bloqueios Ethereum mantém um
registro de quem é o proprietário de qual parte da
LAND. É importante saber que o mundo da
Decentraland não pode ficar maior ou menor.

Os proprietários da LAND, portanto, possuem uma propriedade virtual na forma de um Token Não Funcionável. Neste terreno dentro do mundo virtual da Decentraland, os proprietários podem fazer e fazer o que quiserem: eles são os proprietários daquele terreno.

Os proprietários de TERRENOS podem assim começar a construir sobre seu próprio pedaço do mundo virtual. Por meio dos kits de desenvolvimento de software da Decentraland, os proprietários de LAND podem facilmente construir coisas como cenas 3D estáticas, mas também aplicações e jogos interativos.

O que também acontece freqüentemente é que a arte digital na forma de um NFT é colocada sobre uma peça de LAND. Os jogadores podem então adquirir esta arte digital com MANA.

O Metaverso, como mencionado acima, consiste apenas de cerca de 90000 peças de TERRENOS. Isto cria escassez e faz com que o preço de um pedaço de TERRA suba, assim como é mais caro viver em Nova Iorque do que em Ohio.

No Decentraland Marketplace você pode ver e comprar os terrenos virtuais. Neste momento, o terreno mais barato está à venda por 9440 MANA. Convertido em dólares que equivaleriam a cerca de $4000.

Além do LAND, os jogadores também podem comprar ou ganhar itens colecionáveis, como uma roupa, participando de eventos especiais. Estes itens dentro do jogo também são simbólicos, o que significa que há um símbolo anexado. Neste caso, estes são tokens não-fungíveis.

Finalmente, o que torna a Decentraland única é seu DAO. DAO significa Organização Autônoma Descentralizada. Um DAO pode realmente ser visto como um governo que opera com base em contratos inteligentes. Através do DAO, o usuário tem controle sobre as políticas que são postas em prática para determinar como o mundo se comporta.

Por exemplo, eles decidem que tipos de itens portáteis são permitidos e passam por moderação de conteúdo, políticas de TERRENOS e leilões. Cada participante da rede Decentraland pode votar com sua carteira Ethereum. O poder de impacto de seu voto depende de quanto MANA e quanta TERRA você possui.

Em resumo, o Decentraland é um projeto criptográfico da NFT porque não se trata principalmente de colecionáveis ou arte digital, mas de bens imóveis digitais na forma de um Token Não Fungível. O projeto criptográfico existe há vários anos, mas até hoje está passando por muitas reconstruções.

eXchange de ativos em todo o mundo (WAX)

De imóveis digitais na forma de NFTs, estamos agora mudando para um mercado para NFTs. O Worldwide Asset eXchange, conhecido como WAX, chama-se a si mesmo a maneira mais segura e conveniente de criar, comprar, vender e negociar itens virtuais - para qualquer pessoa, em qualquer lugar do mundo. A WAX construiu uma plataforma focada na criação de transações eficientes usando tecnologia blockchain.

WAX concentra seus esforços em fazer as transações em sua rede da maneira mais suave, eficiente e segura possível.

A indústria do jogo é enorme. Globalmente, mais de US$ 50 bilhões de itens dentro do jogo são vendidos por 500 milhões de jogadores a cada ano. WAX é um mercado para ativos digitais e serve a mais de 400 milhões de jogadores online que vendem, compram e coletam itens dentro do jogo.

Assim, você pode compará-lo a um Bol.com ou a uma Amazônia voltada para o mercado de Tokens Não-Fungíveis. WAX fornece transações rápidas e suaves usando um algoritmo Delegated Proof Of Stake consensus. Leia mais sobre o algoritmo Delegated Proof Of Stake consensus aqui.

O ecossistema WAX está focado na indústria de jogos e colecionáveis digitais. Através da rede WAX, os usuários verdadeiramente possuem seus objetos colecionáveis digitais ou itens dentro do jogo. Portanto, em termos gerais, isto é semelhante à Enjin Coin. O que torna a WAX única é seu kit de criação NFT que torna muito fácil para os desenvolvedores a tokenização de produtos na forma de um Token Não Fungível.

Além disso, a equipe da WAX é composta por funcionários com anos de experiência na indústria de jogos. Na verdade, a WAX foi fundada pela OPSkins. OPSkins era o maior mercado do mundo para a compra e venda segura de itens digitais.

A plataforma WAX já está em pleno uso. Por exemplo, Deadmou5, um produtor de casas e dubstep, vendeu seus NFTs na plataforma criptográfica NFT.

A caixa de areia (SAND)

Um projeto de criptografia NFT que está competindo com a Decentraland é The Sandbox (SAND). A Sandbox, como a Decentraland, é um mundo virtual onde os jogadores podem construir, possuir e ganhar dinheiro com coisas na cadeia de bloqueio Ethereum usando SAND, a moeda criptográfica da plataforma. O Sandbox se distingue do Decentraland com um mundo muito semelhante ao Minecraft e ao Roblox.

Como o jogo funciona na cadeia de bloqueio Ethereum e todos os itens dentro do jogo podem ser marcados na forma de NFTs, o jogo permite que os usuários tenham a propriedade real de suas criações. Além disso, os jogadores são recompensados por sua participação na moeda criptográfica trocável do mundo The Sandbox ERC-20, chamada SAND.

O jogo ainda está atualmente em desenvolvimento e é esperado em algum momento deste ano.

No mercado atual de jogos, o conteúdo criado pelos jogadores ainda é de propriedade dos desenvolvedores do jogo, e não dos jogadores que construíram o conteúdo no jogo. Se alguém constrói um mundo gigantesco e super interativo em Minecraft, ainda não é dono desse mundo, esse é o desenvolvedor do jogo.

Além disso, o controle centralizado sobre o comércio de itens dentro do jogo feito pelos jogadores limita o valor real de suas criações. Além disso, pode ser difícil provar a propriedade das criações: não há nenhuma prova real de que você foi o primeiro a construir um mundo assim em Minecraft.

A Sandbox quer pôr um fim a isto, simbenizando todos os itens do jogo na forma de Tokens Não Fungíveis (NFT). O ecossistema Sandbox é composto por 3 elementos.

Editor Voxel

O Editor Voxel é um programa de modelagem 3D fácil de usar que permite aos jogadores criar objetos 3D no jogo, tais como marionetes, animais, plantas, edifícios e ferramentas. Estes objetos 3D, uma vez construídos, tornam-se um Token não-fungível chamado ASSETS. Estes ATIVOS podem ser comprados e vendidos no Mercado de The Sandbox.

Mercado

No The Sandbox Marketplace, os usuários podem carregar, publicar e vender suas criações (ATIVO) como NFTs (ambos ERC-721 e ERC-1155 fichas criptográficas). Eles também podem visualizar e comprar o ASSETS de outros jogadores aqui.

Modo Game Maker

A última e também a parte mais importante do ecossistema Sandbox é o próprio jogo. Similar ao Decentraland, o espaço virtual no mundo do The Sandbox é dividido em ERC-721 Tokens Não-Fungíveis chamados LAND. Através do modo Game Maker, os usuários podem facilmente "arrastar" seus ATIVOS para o mundo quando têm um pedaço de LAND. Isto permite que os jogadores decorem e personalizem suas próprias terras como acharem melhor.

Ao utilizar NFTs, os usuários da Sandbox terão acesso a certos benefícios, como por exemplo:

- Propriedade digital real de posses dentro do jogo.

- Segurança e inamovibilidade dos bens no jogo.

- Comércio entre bens digitais sem um intermediário.

- Interoperabilidade entre diferentes jogos: ATIVO, LAND e outros elementos do jogo podem ser usados em outros jogos.

A moeda criptográfica SAND é o foco do The Sandbox. Assim como na Decentraland, o símbolo SAND pode ser usado para votar através do DAO. Além disso, os detentores da SAND também podem apostar sua SAND para gerar renda passiva.

Splyt: Combinando comércio eletrônico e NFTs

Splyt é uma infra-estrutura NFT para alimentar mercados financeiros e de comércio eletrônico descentralizados. Sua maior força é seu foco em plataformas de comércio eletrônico. O projeto pega o atual hype NFT e o transforma em um verdadeiro caso de uso.

Enquanto muitos projetos usam NFTs apenas como colecionáveis, Splyt dá a cada NFT uma função dentro de uma cadeia de fornecimento.

Como, você pode perguntar? O núcleo do projeto é bastante simples. Cada item de um inventário de uma loja on-line é marcado com seu próprio NFT, ou eNFT como Splyt gosta de chamá-lo. Ao fazer isso, o protocolo cria um sistema de comércio eletrônico melhor e mais eficiente que ajuda compradores, vendedores e mercados a economizar tempo e dinheiro, automatizando as principais funções intermediárias.

Ao carregar todo o seu estoque no ecossistema Splyt, cada vendedor pode encorajar outros a vender seus produtos e pagar-lhes automaticamente uma comissão para fazê-lo.

Qualquer pessoa pode criar uma Shopify - Powered by Splyt loja online e começar a vender produtos disponíveis no sistema Splyt.

A conexão com a Splyt não só tem benefícios de gerenciamento da cadeia de fornecimento, mas também aumenta muito o alcance dos vendedores. E esse é, em última análise, o aspecto mais importante do comércio eletrônico, alcançando o cliente.

Cada item pode ser facilmente rastreado até sua origem e através de cada etapa da cadeia de fornecimento, mostrando ao cliente um processo aberto e transparente.

A tecnologia da cadeia de bloqueio por trás dela verifica cada etapa do processo e cria uma cadeia de eventos não-modificável.

Isto permite que cada cliente saiba quando, onde e como o produto foi criado e finalmente trazido para sua casa. Esta peça de transparência é algo que atualmente não está amplamente disponível.

As empresas que utilizam o sistema de banco de dados eNTF têm as seguintes vantagens:

- Visão constante do estoque tanto nos armazéns quanto na estrada

- Atitude aberta e transparente para com os clientes

- Racionalização das vendas das afiliadas, verificando cada etapa da cadeia de fornecimento

- O dropshipping é mais transparente e eficiente

O único problema das marcas que permitem que terceiros redistribuam seus produtos é o fato de que os preços são altamente inflados e as lojas que vendem em queda geralmente têm um atendimento deficiente ao cliente.

As marcas parecerão defeituosas quando a loja de dropshipping tiver problemas, que serão eliminados com o uso do protocolo Splyt.

A marca real pode provar sua parte da cadeia de fornecimento e confirmar que a loja de entregas é responsável pela peça final de entrega do produto.

As funções do protocolo Splyt

Como o Splyt é construído sobre o Polkadot, ele pode desfrutar das transações rápidas, taxas de transação quase zero e processamento instantâneo do ecossistema Polkadot. A tecnologia subjacente que a Splyt utiliza é bastante complexa, e é descrita em detalhes em seu documento técnico. Entretanto, gostaríamos de tocar brevemente em cada característica do protocolo Splyt para obter uma compreensão mais ampla da missão e das ambições da empresa;

Gestão global do inventário: Com a criação de um NFT único por item, os vendedores conhecerão seu verdadeiro inventário em todos os momentos. Empurrando tudo isso para a cadeia de bloqueio, o inventário é constantemente verificado e tornado intemporal.

Pagamentos instantâneos de afiliados: Após uma venda bem sucedida do estoque global, as vendas de afiliados receberão pagamentos instantâneos. Na forma tradicional de vendas de afiliados, estes pagamentos levam longos períodos de transação devido a problemas de verificação. Através da tecnologia de cadeia de bloqueio, as vendas podem ser verificadas instantaneamente e os pagamentos acontecem instantaneamente.

Sistema de Reputação Universal: Tudo o que acontece em uma cadeia de bloqueio fica lá para sempre. Portanto, qualquer loja on-line que utilize o protocolo Splyt terá uma certa reputação ao longo do tempo. Isto aumenta a ordem de tratar os pedidos corretamente, evita disputas e geralmente cuida bem dos clientes.

Tratamento de disputas: Qualquer disputa que surja entre cliente e vendedor, ou entre vendedor e afiliado, pode ser agilizada usando o protocolo Splyt. Como cada etapa é auditável, a confusão é eliminada e as disputas podem ser resolvidas antes que elas ocorram.

Ativos de DeFi do Mundo Real: O inventário simbólico pode ser usado como garantia para financiamento descentralizado fora da cadeia. A mecânica exata por trás desta característica será compartilhada pela equipe Splyt em uma etapa posterior.

Analítica de mercado: Tudo o que acontece com as lojas on-line de um vendedor é verificado na cadeia de bloqueio, de modo que a análise na cadeia pode ajudar os vendedores a maximizar as vendas com insights inteligentes.

O protocolo Splyt também oferece a característica Real World DeFi Assets, Um recurso inovador que pode ser um dos componentes mais importantes para fazer do Splyt a casa de força que merece ser. A liquidez é muito importante para as marcas emergentes e muitas vezes elas não têm acesso ao capital de que necessitam.

A Splyt oferece empréstimos garantidos, que podem ser um serviço muito importante para estas marcas emergentes.

Estas marcas podem pegar empréstimos do ecossistema Splyt e colocar seu estoque como garantia, que é armazenado em instalações de armazenamento centralizado.

Os produtos ainda estão disponíveis para venda on-line e o mutuário reembolsa a quantia emprestada. Se o mutuário não cumprir o contrato, a Splyt pode liquidar o estoque através de uma venda Flash e fechar o contrato de empréstimo.

O aumento do estoque colateral minimiza o risco envolvido, o livro branco cita um exemplo de empréstimo de US$ 10.000 sobre US$ 40.000 de estoque. Isto varia de caso para caso e é determinado com base em dados coletados do mercado.

As características que listamos acima, mostram a singularidade e complexidade do protocolo Splyt.

Embora seu protocolo seja diversificado, o projeto escolheu uma direção clara ao escolher um mercado seleto em vez de tentar ser um "casaco de comércio" como muitos outros projetos.

A ficha de $Shop

No coração do protocolo está a ficha SHOP. A ficha foi trazida à vida para criar incentivos para fornecedores, clientes e forasteiros para manter e desenvolver continuamente o ecossistema Splyt.

Qualquer pessoa que possua fichas SHOP pode ganhar prêmios e ter direito a voto para decidir como o ecossistema continua a evoluir.

Existem quatro funções principais do símbolo Shopx:

- Dar aos usuários acesso ao Splyt Core e assim permitir que os indivíduos comprem e vendam o estoque na cadeia de bloqueio de estoque global.

- Desencorajar comportamentos maliciosos, como o de fazer spam na rede, defraudar outros membros do ecossistema, ou não participar de comportamentos do mundo real que reflitam os acordos da cadeia.

- Encorajar os varejistas participantes a agrupar os estoques de forma redundante em sistemas legados de comércio eletrônico, reduzindo as barreiras que permitem às empresas oligopolistas prosperar no atual regime de comércio eletrônico.

- Compensar indivíduos, tais como árbitros e validadores de listagem, que ajudam a garantir a integridade do ecossistema Splyt Core em um ambiente de base.

Além disso, os portadores de fichas SHOP poderão distribuir suas fichas de diversas maneiras, tanto curtas como longas, trancadas e flexíveis.

Parcerias Splyt

As únicas coisas que importam para o sucesso de um projeto hoje em dia são a tecnologia, a equipe e as parcerias. Splyt não está em lugar algum sem que as pessoas realmente utilizem seus produtos.

Ao contrário de anos atrás, quando um projeto como Splyt anunciava seu projeto sem nenhuma parceria, Splyt agora superou isso de uma maneira importante. Gostaríamos de mencionar quatro parcerias em particular.

Maison Du

Maison Du é a parceria que agrega mais valor à proposta da Splyt. Através da Maison Du, uma plataforma de E-Commerce para o mercado de luxo, o primeiro caso de uso da Splyt será realmente a implantação de seu produto.

A Maison Du não é apenas mais uma loja de dropshipping, mas é um dos principais players do mundo do varejo online. Com mais de 700 marcas, mais de 1.100 filiais e mais de 1.000 transações de testnet, a Maison Du está pronta para começar a usar o produto Splyt em escala real imediatamente.

Empreendimentos Master Ventures

No início de fevereiro, a Master Ventures anunciou oficialmente sua parceria com a Splyt.

A maior parte da parceria é eclodir Splyt e levá-lo às massas.

Durante os últimos meses, é seguro dizer que a Master Ventures tem tido bastante sucesso em fazer isso acontecer. Com vendas privadas mais de 100 vezes acima do número de inscritos, há muita demanda e muita propaganda em torno do projeto.

Além disso, foi a Master Ventures que estabeleceu a conexão com o seguinte parceiro.

Rede paga

O que é lançar um projeto sem uma plataforma de lançamento decente? A Splyt fez uma parceria com a Paid Network para hospedar sua venda pública na plataforma Ignition.

Ultimamente, o Paid tem estado em todo o setor com dezenas de parcerias e muito amor pela comunidade.

Com uma comunidade composta por milhares de membros, Splyt está agora no centro das atenções.

Ponte Mutual

Em sua mais recente parceria com Bridge Mutual, uma plataforma descentralizada de cobertura de risco discricionária, Splyt integrará a aplicação de cobertura de risco de Bridge Mutual em sua interface.

Como declarado em seu artigo de anúncio, isto é feito através da fusão de seu widget na plataforma Splyt para fornecer uma experiência perfeita para nossos usuários, garantindo a capacidade de adquirir cobertura para suas trocas sem preocupação.

Splyt começou sua viagem de volta em 2016, quando dois fundadores se encontraram e alinharam suas visões. Em 2017, os dois começaram a criar os primeiros contratos inteligentes e, em seguida, seguiram-se anos de desenvolvimento. Atualmente, existe uma rede de teste funcional que está pronta para começar a se mover e aceitar usuários. A rede principal deles surgirá no primeiro trimestre de 2021.

Olhando mais adiante, o roteiro atual de Splyt não é muito detalhado e grande, mas cobre a estrada para o próximo ano. Além disso, os itens listados no roteiro do Splyt são marcos importantes que não podem ser ignorados, como a integração com o Polkadot, a integração com o Shopify e o WooCommerce e muito mais no horizonte.

O futuro parece brilhante, mas tudo se resume a encontrar os parceiros certos para usar o produto.

Splyt é um novo projeto com a ambição de remodelar o E-Commerce introduzindo as NFTs, utilizando tecnologia de cadeia de bloqueios e tornando todo o processo mais suave.

A visão é ambiciosa, mas tudo se resumirá a uma execução correta para ver se eles podem atingir suas ambições. O comércio eletrônico tem sido uma tendência crescente há anos, aberta à adaptação de novas tecnologias, mas a tecnologia da cadeia de bloqueio ainda não se fundiu com esta indústria.

Se a Splyt conseguir fazer parcerias com as empresas certas, ganhar tração suficiente e normalizar o uso de NFTs, poderemos ver a Splyt lidar com milhões de transações, atingindo um grande limite de mercado. Uma etapa chave neste processo é sua migração para o Polkadot Blockchain.

Isto melhorará a velocidade das transações e reduzirá o custo das transações, uma vez que a Blockchain do Ethereum é atualmente muito mais lenta do que a Polkadot.

Polkadot (DOT)

Polkadot foi iniciada pelo Dr. Gavin Wood, co-fundador do Ethereum e inventor do Solidity, a linguagem de programação de contratos inteligentes na cadeia de blocos do Ethereum. Wood ficou frustrado com a taxa de progressão do Ethereum 2.0, então ele iniciou a Fundação Web3 junto com Robert Habermeier e Peter Czaban.

A Polkadot foi posteriormente fundada pela Fundação Web3. No final de 2017, a Fundação Web3 realizou um ICO baseado no Livro Branco Polkadot. Com a receita desta ICO, a Fundação Web3 foi então trabalhar. Em meados de 2009, a Fundação Web3 lançou o teste final da Polkadot, chamado Kusama.

Durante o período da rede de teste de Kusama, elementos-chave do Polkadot foram testados, tais como estilhaços e greve. Em maio de 2020, foi lançado o primeiro bloco da cadeia de bloqueio do Polkadot; o bloco de gênese.

O Polkadot é um protocolo de cadeia múltipla de código-fonte aberto que permite a transferência entre cadeias de dados ou tipos de ativos, portanto não apenas fichas, tornando uma ampla gama de cadeias de bloqueios interoperáveis entre si.

É uma boca bastante técnica, mas Polkadot assim se distingue principalmente por seu mecanismo único de fragmentação, mas principalmente por permitir que diferentes correntes de bloqueio (correntes cruzadas) interoperem umas com as outras sem problemas: interoperabilidade.

Esta interoperabilidade descentralizada entre as diferentes correntes de bloqueio ajuda a moldar a visão de Polkadot.

Como funciona a interoperabilidade do Polkadot

A principal característica distintiva do Polkadot é a interoperabilidade em cadeias cruzadas. Com esta interoperabilidade, a Polkadot quer criar uma rede completamente descentralizada e privada, controlada por seus usuários.

Com esta rede, a Polkadot quer facilitar a criação de novas aplicações e serviços. O protocolo de rede faz isso conectando cadeias de bloqueio públicas e privadas, oráculos e tecnologias futuras.

Essas correntes de bloqueio independentes são chamadas de "paraquedas". Vamos falar disso mais tarde. Isto permite que estas correntes de bloqueio independentes compartilhem informações e transações de forma confiável no núcleo da corrente de bloqueio Polkadot; a cadeia de relé. Mais uma vez, entraremos nisto com mais detalhes mais tarde.

Isto torna possível construir aplicações com dados aprovados de uma cadeia de bloqueio privada e utilizá-la em uma cadeia de bloqueio pública.

Por exemplo, os dados acadêmicos privados e aprovados de uma escola podem enviar um certificado de aprovação para um contrato inteligente para verificação de diploma em uma cadeia pública de bloqueio.

Passagem de mensagens em cadeia: o protocolo XCMP

No futuro, a Polkadot quer oferecer mais interoperabilidade entre os diferentes paraquedas através da passagem de mensagens em cadeia cruzada (XCMP). Isto permitirá que as correntes de bloqueio independentes, os paraquedas, se conectem entre si. O XCMP está atualmente em desenvolvimento e os detalhes estão sujeitos a mudanças. Através do XCMP, os contratos inteligentes de um paraquedas podem acionar um contato inteligente de outro paraquedas.

A escalabilidade do Polkadot

A questão número um para Bitcoin e a moeda criptográfica em geral é a escalabilidade. Muitos bloqueios são atualmente atormentados por velocidades de transação lentas e altos custos de transação.

Por exemplo, os custos de transação na cadeia de bloqueio Ethereum são atualmente incrivelmente altos devido ao fato de que a cadeia de bloqueio Ethereum é utilizada pela maioria do setor DeFi.

O Polkadot foi concebido como uma solução para a escalabilidade de cadeias de bloqueio como o Ethereum, cujo rendimento de transação é severamente limitado pela necessidade de cada nó para validar cada transação.

Polkadot faz uso de lascas. O sharding é uma técnica em que nem todos os nós precisam verificar cada transação. Na verdade, as transações são distribuídas entre várias partes da rede, chamadas de fragmentos.

Estes cacos, por outro lado, são conhecidos como parachains em Polkadot. O Polkadot resolve o problema da escalabilidade com uma arquitetura de cadeia de bloqueio que é única.

Cadeia de revezamento e paraquedas

A cadeia de revezamento é o componente mais significativo e central da arquitetura do Polkadot. A Cadeia de Relés conecta todas as diferentes correntes de bloqueio ou fragmentos na rede Polkadot. A Cadeia de Relés proporciona consenso mútuo (acordo) entre as várias cadeias de bloqueios, conhecidas como paraquedas, bem como a já mencionada interoperabilidade entre as cadeias.

Na cadeia de revezamento, ambos os validadores da Polkadot apostam as fichas DOT e verificam para a cadeia de revezamento. A Cadeia de Relés tem apenas algumas responsabilidades, tais como comunicação com o sistema de governança, leilões de paraquedas, e envolvimento do mecanismo de consenso. Daqui a pouco, vamos analisar isso com mais profundidade.

O aspecto mais crítico da Cadeia de Relés é que ela garante que as transações de todos os paraquedas da rede possam ser tratadas de forma segura ao mesmo tempo. A escalabilidade da rede melhoraria como resultado disso. Outras tarefas são atribuídas aos paraquedas, cada um dos quais tem sua própria implementação e características.

As correntes de bloqueio individuais que podem fornecer suas próprias fichas e adaptar suas características para casos particulares de uso são chamadas de paraquedas. A Cadeia de Revezamento conecta todos os paraquedas juntos. Os paraquedas, por outro lado, podem ser adaptados a uma aplicação específica.

Isto significa que as equipes que utilizam um parachain têm mais funcionalidade, desempenho e proteção do que se utilizassem sua própria cadeia de bloqueio geral. Além disso, ao utilizar o Substrato, uma plataforma para criar correntes de bloqueio no Polkadot, as equipes ou empresas podem reduzir drasticamente o tempo necessário para criar uma corrente de bloqueio.

Os validadores anexados à Cadeia de Relés verificam os dados no Parachain. Vale mencionar também que a Cadeia de Relés não pode ser ligada a um número infinito de paraquedas.

O Polkadot financia apenas um pequeno número de paraquedas, estimado em cerca de 100 no momento.

O Polkadot utiliza leilões de slots de parachain, ou leilões para abreviar, uma vez que o número de slots é pequeno. Os leilões sobre o paraquedas são apenas isso: leilões.

Os licitantes-parachains participarão do leilão indicando sua localização preferida na cadeia de revezamento, bem como a quantidade de fichas DOT que eles estão dispostos a pagar.

Os licitantes de Parachains podem fazer isso fora do bolso ou usar a funcionalidade de crowdloan para levantar DOT da comunidade.

Pontes Polkadot

Como indicado anteriormente, a interoperabilidade e a transferência de dados entre cadeias são características importantes da cadeia de bloqueios Polkadot. A transferência entre cadeias refere-se à transferência de dados entre diferentes cadeias de bloqueios independentes.

Esta propriedade de cadeia cruzada é criada, entre outras coisas, pelas chamadas pontes. As pontes, ou pontes em cadeia, são formas pelas quais duas correntes de bloqueio independentes e tecnologicamente diferentes podem se comunicar uma com a outra.

Por exemplo, a cadeia de bloqueio Bitcoin ou a cadeia de bloqueio Ethereum pode ser conectada à rede Polkadot através de uma ponte.

Algoritmo de consenso do Polkadot
Com as moedas da cadeia de bloqueio, é importante que todos os dados sobre a cadeia de bloqueio sejam acordados por todos os membros da rede (nós). Em outras palavras, todos os participantes da rede devem concordar que as informações sobre a cadeia de bloqueios sejam precisas.

O algoritmo de consenso é usado para fazer isso. Mais informações sobre os algoritmos de consenso podem ser encontradas aqui. O Polkadot emprega um algoritmo de consenso único conhecido como Nominated Proof of Stake (NPoS). Esta é uma variante do sistema Proof of Stake (Prova de Estaca).

Indicadores
A Cadeia de Relés é assegurada por nominadores que selecionam validadores de confiança e por DOT de estaqueamento. Você pode se tornar um nominador se você for um usuário e detentor de token DOT que quer

ganhar mais DOT por golpe, mas não quer assumir o fardo de operar um nó que deve estar online 24 horas por dia, 7 dias por semana.

Validadores

Os validadores protegem a Cadeia de Relés através do staking DOT, validando os certificados de bloco dos coladores e colaborando com outros validadores para chegar a um consenso. O dispositivo Polkadot seleciona os validadores algumas vezes por dia. Nas próximas horas, esses validadores desempenharão um papel crítico em protocolos altamente sensíveis como a criação de blocos.

Colaboradores

Os colaboradores mantêm um nó completo de um Parachain específico. Isso significa que eles retêm todas as informações necessárias para escrever novos blocos e realizar transações. Em circunstâncias normais, eles irão coletar e executar transações para criar um bloco não selado e fornecer isso, juntamente com uma prova de transição de estado, aos validadores responsáveis por propor um bloco Parachain.

Por serem nós de pleno direito, cada Colaborador se conhece como um colega. Isto permite que eles enviem mensagens do parachain A ao parachain B; interoperabilidade.

Pescadores

83

Os pescadores serão acrescentados à rede Polkadot no futuro, mas não estão atualmente acessíveis. O dever dos pescadores é ficar de olho nos Colaboradores. Como resultado, eles acompanham o processo de criação de novos blocos e transações para garantir que nenhuma mudança de estado inválida seja incluída.

A governança do Polkadot

O Polkadot (DOT) se destaca ainda mais em termos de como seu governo, ou governança, está organizado. A governança de uma moeda criptográfica está preocupada com seu futuro: quaisquer aperfeiçoamentos e modificações na rede.

A atualização de uma cadeia de bloqueio em outras moedas criptográficas é freqüentemente um método complicado e demorado. Na realidade, o chamado garfo duro é freqüentemente o produto de uma atualização.

Um garfo duro pode levar meses para ser concluído e pode até mesmo causar a desintegração de uma comunidade criptográfica. O garfo duro do Bitcoin Cash é um exemplo disso (BCH). Uma parte significativa do grupo Bitcoin Cash era originalmente uma parte da comunidade Bitcoin, mas foi deixado devido a uma disputa sobre o tamanho do bloco Bitcoin.

A Polkadot adota uma abordagem diferente ao implementar um modelo de governança aberta e descentralizada que capacita os usuários. Isto é chamado pela Polkadot de "governança de rede orientada pelo usuário" ou "gestão de rede orientada pelo usuário". A governança da Polkadot é composta por todas as partes interessadas que querem fazer parte dela.

Ao votar em referendos com o token DOT, essas partes interessadas se envolverão na governança. Os referendos são sistemas básicos de votação com base nos tokens DOT que foram apostados. Cada referendo tem uma proposta distinta. Os referendos podem ser iniciados de várias maneiras:

- Propostas apresentadas publicamente pela comunidade Polkadot.
- Propostas apresentadas pelo Conselho.
- Propostas apresentadas como parte da determinação de um referendo anterior.
- Propostas de emergência apresentadas pelo Comitê Técnico e aprovadas pelo Conselho.

O sistema de governança Polkadot é composto pelos membros do Conselho, do Comitê Técnico e de todas as partes interessadas que votam com fichas DOT que foram descontinuadas.

Com suas fichas DOT descontinuadas, os portadores de fichas DOT votarão em referendos e farão propostas públicas para referendos.

O Conselho é formado por membros que foram escolhidos pelos detentores do DOT. Referendos e votos a favor ou contra medidas de emergência são propostos pelo Conselho.

Ao contrário do Conselho, o Comitê Técnico é selecionado pelo Conselho com base em uma especificação formal do Protocolo Polkadot e não por votação.

Em colaboração com o Conselho, o Comitê Técnico redigirá referendos de emergência que poderão ser votados e adotados rapidamente. Estes números de emergência devem ser utilizados somente em caso de emergência da rede Polkadot.

A ficha DOT

Tokenomics é o estudo de como funcionam as fichas dentro do ecossistema maior de um criptograma. Esse token no caso de Polkadot é o token DOT. O ecossistema de Polkadot inclui o token DOT em uma variedade de lugares, incluindo governança e greve.

Governança do DOT

Como mencionado anteriormente, a primeira característica do DOT é conceder aos titulares do DOT a capacidade de monitorar a governança da plataforma. O sistema de governança é responsável por decidir as taxas da rede (custos comerciais), adicionar ou remover parachains e eventos especiais, como atualizações e reparos da rede Polkadot. O Polkadot requer alguém com um DOT para participar da governança.

Estacas DOT.

O DOT também é usado no sistema de consenso do Polkadot: Comprovante de Participação nomeado, além do mecanismo de governança (NPoS). As greves existem para manter a rede Polkadot funcionando e para permitir que transações legítimas sejam realizadas sobre paraquedas.

Os detentores de DOTs atacam (desdobram) seus DOTs em troca de uma recompensa. Por outro lado, se os membros maliciosos da rede não obedecerem às regras, eles serão disciplinados. Sua participação (desdobramento) foi revogada.

Polkadot está no bom caminho para completar seu plano. A rede ainda estava usando a Prova de Autoridade no momento do lançamento do criptograma, mas agora está operando com sucesso no algoritmo de consenso NPoS há algum tempo.

O Polkadot, por outro lado, está longe de ter terminado. A criptonamicamente consiste apenas na cadeia de relés, o coração da rede, no momento da redação.

Nas redes de teste de paraquedas, a funcionalidade do paraquedas está sendo desenvolvida atualmente para testes e correção de bugs. Os primeiros leilões de paraquedas, nos quais serão selecionados os primeiros paraquedas oficiais, ocorrerão em um futuro próximo.

Muitos analistas acreditam que criptos que asseguram uma mancha de parachain veriam aumentos significativos de preços.

O Polkadot é um dos altcoins de melhor desempenho em 2020, o que não surpreende. A moeda criptográfica é um projeto muito ambicioso que, como o Ethereum, aspira a ser um novo tipo de internet que conecta várias correntes de bloqueio.

ethereum classic

Conclusão

Você já deve ter uma boa idéia de como conduzir sua própria avaliação de risco quando se trata de investimentos, venda e negociação de NFTs. Antes de começar e gastar dinheiro, certifique-se de ter um plano, leve em conta a taxa de gás, faça suas pesquisas e esteja ansioso para aprender o valor dos bens digitais que você quer comprar.

Não entre em nenhuma propaganda sem saber o que você recebe por seu dinheiro, ou você pode acabar comprando um jpeg de preço exagerado que você nunca venderá.

Ou se você é um artista, nós fornecemos nossos 5 principais mercados, como começar a vender seus NFTs, e razões pelas quais eles poderiam ser a melhor opção para você começar a vender seu trabalho como um NFT.

Além disso, e não poderíamos repetir isto o suficiente; a única regra mais importante de investir em NFT e vendê-los é educar-se sobre o hype antes de começar.

Diga-nos o que pensa do livro, e se ele se mostrou útil, por favor deixe-nos uma resenha para que outros também possam se beneficiar.

Obrigado por ler nosso livro, e boa sorte com seus futuros investimentos e comércio NFT!

Nossos livros

Confira nosso outro livro para saber mais sobre comércio de criptografia, investimento, como obter lucro e dicas e estratégias essenciais para um início à prova de falhas no universo criptográfico.

Junte-se ao exclusivo Círculo Editorial Stellar Moon!

Você terá acesso imediato à lista de correio com atualizações de nossos especialistas todas as semanas!

Inscreva-se aqui hoje:

https://campsite.bio/stellarmoonpublishing

Lightning Source UK Ltd.
Milton Keynes UK
UKHW020431031121
393296UK00011B/876